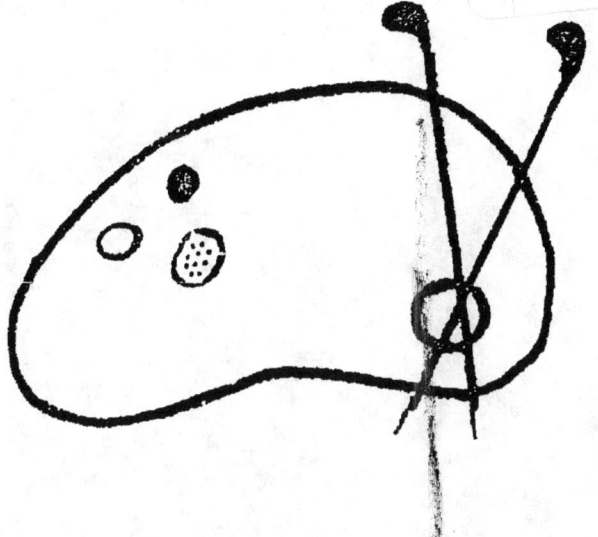

Couvertures supérieure et inférieure
en couleur

INVENTAIRE
R 36,017

36017

TRAITÉ DES ACTES

MONTPELLIER, TYP. DE BOEHM ET FILS.

TRAITÉ
DES ACTES

SOMMAIRE

DE MÉTAPHYSIQUE

PAR

J.-ÉMILE FILACHOU

DOCTEUR ÈS-LETTRES

> Ἔστι γὰρ ὅλον καὶ μηδὲν ἔχον
> μέγεθος. Ὅλον δ' ἐστὶ τὸ ἔχον ἀρχὴν
> καὶ μέσον καὶ τελευτήν.
>
> ARIST.; *De Poeticâ*, lib. 7.

PARIS
DURAND, LIBRAIRE
rue des Grès, 7.

MONTPELLIER
F. SEGUIN, LIBRAIRE
rue Argenterie, 25

1862

AVANT-PROPOS

En nous déterminant à livrer à l'impression, comme complément de notre traité des *Facultés*, le traité des *Actes*, nous avouerons volontiers le motif qui nous avait porté jusqu'à ce jour à différer cette publication : ce motif était la difficulté du sujet. Nous sentions, pour cela, le besoin d'avoir auparavant nettement formulé nos idées sur la méthode philosophique générale, ainsi que sur ses parties essentielles. Ayant maintenant accompli ce dernier travail, nous croyons pouvoir être un peu plus confiant et aborder enfin sans témérité le problème des applications immédiates de l'activité, qui nous avait apparu jusqu'à ce jour si redoutable.

Ce traité des *Actes*, que l'on trouvera peut-être trop court ou trop concis, devait néanmoins être tel, parce que, si nous avions voulu nous étendre, nous aurions plutôt écrit un traité complet de métaphysique ou pré-édité notre méthode, et manqué par là même notre but. Dans le présent opuscule, notre intention est simplement d'appeler l'attention sur les points saillants de la philosophie, tels que sont les positions *absolues* et *relatives*, ou les *êtres* et les *puissances*, en un mot le *réel* ; et si, pour lors, notre résumé reste une sorte d'énigme inintelligible à plusieurs, deux choses pourront nous excuser : sa profondeur d'une part, son importance de l'autre ; et nous ne croyons point nous abuser nous-même en admettant qu'on trouverait difficilement ailleurs autant d'exactitude théologique et d'originalité philosophique réunies. Nous touchons d'ailleurs aux questions utiles et pratiques bien plus qu'on ne pourrait le penser de prime abord.

On a, par exemple, de la peine à fixer ses idées sur la conciliation des deux points de vue du temps et de l'éternité dans l'être ou l'activité radicale. Or, si l'on admet d'abord une fois, avec nous, que l'éternité *passée* consiste dans une fusion de l'acte et de la puissance dans l'ordre des tendances (acte, puissance et tendance signifient ici respectivement Sens, Intellect, Esprit), comme le temps *présent* consiste dans la fusion de l'acte et de la tendance dans l'ordre des puissances, et l'éternité *future* dans la fusion de la puissance et de la tendance dans l'ordre des actes; si l'on admet, disons-nous, une fois cette triple équation, on n'aura plus de peine à s'orienter soi-même au milieu de tous les faits si nombreux et si disparates d'expérience quotidienne, en remarquant qu'effectivement le suprême mobile est d'abord l'*amour*, comme ensuite la suprême règle est la *raison*, et plus tard le suprême agent la *force*.

Ainsi, tandis que l'*amour* et la *force* sont, au début ou à la fin, des puissances absolues dans leurs œuvres, la *raison* est, au contraire, toujours objectivement relative ou moyenne, et voilà pourquoi les produits en sont aussi plus libres, facultatifs et périodiquement ou non périodiquement variables en tout sens, comme dans la vie présente ou toute autre analogue.

TRAITÉ DES ACTES

INTRODUCTION.

1. Toute vérité, pour être comprise, demande indispensablement qu'on en juge à un certain point de vue particulier, ou bien que, dans l'exercice de sa raison, on use à peu près d'accommodation à son égard comme on en use au physique dans l'exercice de ses yeux, quand on veut juger sainement de la grandeur ou de la forme des objets placés à d'inégales distances. On en a la preuve en ce que l'on a pu souvent éprouver soi-même de la plus ou moins grande facilité de mieux com-

prendre les choses en certaines heures qu'en d'autres, ou dans un âge avancé que dans les premières années de sa jeunesse. En morale, cela est évident ; et quand on a d'abord fait une faute dont on se repent plus tard, on avoue volontiers qu'on n'en reconnaissait point de prime abord la nature ou le vice réel. Mais il en est de même à l'égard des idées théoriques pures. Toute idée nouvelle et paradoxale surtout ne frappe point dans les commencements comme il serait souvent à désirer, et l'on a besoin alors de l'examiner pendant un temps plus ou moins long, pour l'admettre ou se déclarer pour elle. Que signifie dans ce cas cette lenteur à se l'approprier, si ce n'est une insensible accommodation progressive de notre intelligence ou de notre esprit à la vérité d'abord mal saisie, mais puis insensiblement mieux appréciée, mieux vue, mieux comprise? L'intelligence des idées, de la plupart des idées au moins, est donc une affaire de circonstance ou de temps.

Cette faculté d'accommodation dont nous venons de parler est, maintenant, une chose qu'on a ou qu'on n'a point. Et quand on l'a, c'est une vraie puissance qu'on a et que nous appellerons du nom de *liberté interne* de jugement et de raison ; quand on ne l'a pas, il est impossible d'admettre qu'on n'en ait pas au moins le germe ou le commencement, c'est-à-dire ce *premier* degré qui est à la vraie puissance comme l'unité au nombre. Car, de même qu'un homme qui n'a nulle puissance sociale dans son pays a toujours au moins en son pouvoir son existence individuelle, ainsi tout être réduit à n'avoir aucunement en soi la faculté de disposer de son intelligence pour étendre ses connaissances actuelles, peut au moins avoir cette intelligence de *premier* degré qui consiste à posséder une ou plusieurs connaissances actuelles capables de servir de base ou de point de départ à la puissance. Cette puissance-ci, que nous supposons en état de transformer une ou plusieurs connaissances simplement actuelles en d'autres plus relevées, est évidemment une puissance étrangère — sinon propre — au sujet ; et quand il en est ainsi, c'est-à-dire quand le sujet n'a point en lui-même la faculté de développer ses connaissances, il faut bien qu'il la reçoive du dehors. Mais le dehors peut-il rien lui donner ou communiquer qu'il ne l'ait en germe, ou bien sans se servir de ce qu'il est, et se borner par conséquent à le modifier, l'exalter ou le transformer en lui-même? Non, incontestablement. Donc, si l'être présupposé sans puissance propre de compréhension ou d'intelligence est instruit ou formé du dehors, il est transformé dans son fond et reçoit de la sorte un développement de puissance actuelle proportionnel au degré des connaissances acquises, et de même ordre ou qualité. Cette infusion ou cette transformation de qualité se conçoit d'ailleurs aisément, si l'on remarque qu'il ne s'agit ici que de qualités relatives. La puissance *instructive*, par exemple, est, comme telle, quelque chose de relatif; la puissance *à instruire* ou *instruite* est, par la même raison, quelque chose de relatif encore, et par suite il ne répugne aucunement de dire que, ces deux puissances étant chose relative toutes deux, elles sont aussi toutes deux transformables entre elles. Pour fixer les idées, imaginons ici deux hommes, dont l'un est habile à jouer des instruments de musique, et dont l'autre est inhabile dans cet art, mais dont le premier consent, moyennant salaire, à l'apprendre au second. Ces deux hommes échangent alors de puissance : le premier, plus habile mais moins riche, en échange non (à proprement parler) de la puissance qu'il communiquera *, mais de son temps ou de ses peines, recevra du second un argent donné volontiers en raison de la puissance acquise. En fin de compte, tous les deux auront ainsi la même puissance ou capacité musicale, mais ils n'auront plus le même argent ou la même fortune, qui, par convention, aura changé de mains ; et cependant l'ordre éternel ne sera point violé dans cette circonstance, parce qu'il entre dans ses prescriptions de vouloir que les facultés d'acquérir de

---

* Cette réflexion peut aider à comprendre un peu la qualité des agents lumineux.

l'argent ou de communiquer l'art se servent mutuellement d'équivalent et de mesure. Une puissance *intellectuelle* par nature peut donc trouver une compensation dans une autre puissance respectivement *sensible* qu'elle éclaire, et celle qui, de son côté, l'enrichit, peut, à son tour, en s'unissant à l'autre, obtenir un accroissement de puissance qu'elle n'eût jamais acquis sans son secours.

Nous venons de prouver que deux puissances distinctes et même disparates (comme le sont l'Intellect et le Sens), supposé qu'elles soient coexistantes et juxtaposées, peuvent, comme étant absolument (sinon relativement) identiques, échanger jusqu'à un certain point entre elles leurs produits ou se communiquer, l'une ce qu'elle est en état de produire *au dehors*, l'autre ce qu'elle s'est *intérieurement* déjà donné de puissance ou de capacité relative dans l'usage ou le maniement de ces produits physiques. Et de soi-même on comprend encore que, plus la puissance *instructive* sera parfaite dans son art et plus la puissance *à instruire* (pleinement novice encore par hypothèse) sera semblablement parfaite dans le sien, plus l'entente ou la communication sera des deux côtés prompte et facile. Moins, au contraire, il y aura de perfection relative des deux côtés, plus la transmission sera lente, imparfaite et difficile ou pénible. En supposant donc qu'à côté d'une intelligence parfaite on eût un sens parfait, on serait un maître parfait de soi-même en science comme en exécution, ou en théorie comme en pratique, et (telle est l'idée qu'on a de Dieu) souverainement puissant à concevoir et à réaliser en toute occasion ce qu'on voudrait. En supposant, au contraire, qu'on n'eût en principe aucun degré de puissance ou d'initiative intellectuelle, malgré que la puissance exécutive ou sensible fût alors, par hypothèse, parfaite, il serait indispensable de recevoir l'instruction intellectuelle du dehors et de donner en échange, à l'intelligence qui donnerait la *science*, la *foi*. Mais qu'arriverait-il si l'on avait d'avance un certain degré fini d'instruction plus ou moins développée mais non complète? Dans ce cas, il faudrait en partie croire et en partie raisonner ; car on aurait d'avance à sa disposition une demi-science ou puissance. Là, la science est par conséquent puissance *positive* d'instruction ; et la foi, de son côté, peut en être regardée comme une puissance *négative*. De quel nom, alors, appellerons-nous le changement de positif en négatif ou de négatif en positif, qui s'accomplit d'une ou d'autre part ? Ce changement n'étant plus évidemment simple puissance mais acte, nous verrons en lui la mesure relative du *degré* des deux puissances *positive* et *négative* en concours, mais plus spécialement la même chose que ce qu'on nommerait (abstraction faite des degrés) *acte pur*, n'importe d'ailleurs qu'on veuille parler d'actes intemporels ou temporels, et simultanés ou successifs.

DÉFINITION DE L'ACTE.

2. A dire vrai, l'*agir* implique devenir ou changement, mais, comme nous devons nous

hâter de le faire observer, devenir ou changement simplement imaginaire ou non réel, au moins de prime abord. Car c'est ainsi que, sans changement réel tant subjectif qu'objectif, on perçoit, représente ou aspire, quand on se contente, en premier lieu, de percevoir ce qui est, ou de représenter ce qu'on perçoit, ou d'aspirer ce qu'on représente. Le *devenir* s'adjoint donc toujours, au moins imaginairement, à l'*être* dans l'*acte*, et l'*acte* est alors, avec raison, défini l'*identification* ou l'*identité des deux*.

DISTINCTION DES ACTES.

3. Cette notion de l'acte est la notion de l'acte *absolu*, non celle de l'acte *relatif*. Pour avoir cette dernière, il faut imaginer que l'acte *absolu* fonctionne *relativement* de plusieurs sortes.

De prime abord, il est manifeste que l'acte *absolu* peut fonctionner *relativement* par *élévation de puissance* ou par *extraction de racine*. S'il se *divise*, on dit qu'il est *puissance* dans son premier état, et *acte* dans son état de division subséquent ; s'il se multiplie au contraire, l'*acte* est marqué par chacun des facteurs, et la *puissance* est représentée par leur produit. Par exemple, a et $\sqrt{a}$ sont entre eux comme puissance et acte ; a^1 et a^3 sont entre eux comme acte et puissance. Mais l'inverse est possible encore*, et dans ce cas l'*acte* et la *puissance* sont entre eux comme a^3 et a^1.

Cela posé, la question qu'il importe de résoudre avant de pouvoir aller plus loin, est de savoir quel est l'indice des puissances radicales

---

* Il n'y a point là de contradiction, au moment où l'on considère que l'*acte* et la *puissance* sont ici choses *relatives*, et que si la puissance pure l'emporte sur l'acte comme plus *élevée* que lui, elle peut inversement lui céder comme moins *profonde* et *radicale*. Dans l'acte, la puissance est implicite, et dans la puissance l'acte est implicite à son tour ; mais tout d'abord l'acte l'emporte par l'intensité, comme la puissance par l'extension. Aristote a très-bien compris et constaté cette vérité, quand il a dit dans sa *Rhétorique*, liv. Ier, ch. 7, n° 13 : Δῆλον οὖν ἐκ τῶν εἰρημένων ὅτι ἀμφοτέρως μεῖζόν ἐστιν· καὶ γάρ εἰ ἀρχή, τὸ δὲ μὴ ἀρχή, δόξει μεῖζον εἶναι, καὶ εἰ μὴ ἀρχή, τὸ δὲ ἀρχή· τὸ γὰρ τέλος μεῖζον καὶ οὐκ ἀρχή.

de sentir, de représenter et d'aspirer, ou du Sens, de l'Intellect et de l'Esprit. Cet indice est-il par hasard la quantité 1 ou bien l'un des nombres 2, 3, etc.?

De ce qui précède, nous avons déjà le droit de conclure que le degré des deux puissances *intellectuelle* et *sensible* est, au moins, marqué par le nombre ou l'indice 2. Car, par hypothèse ou d'après ce que nous avons déjà dit (§§ 1 et 3), chacune de ces *puissances* est *acte* pour l'autre, dans la spécialité de l'autre. Ainsi, puisque l'Intellect est puissance par rapport au Sens réduit respectivement (ou en fait d'intelligence) à l'état d'acte, nous avons au moins le degré de puissance de l'Intellect marqué par l'indice 2, lorsque l'indice du Sens est encore simplement égal à 1. Inversement, en fait de sensibilité, le Sens en renferme au moins une dose égale à 2, lorsque l'Intellect est réduit à figurer, sous ce rapport, comme $1'$. Mais cela ne suffit pas, et nous devons ajouter ici que chacune de ces puissances est avant tout, en elle-même ou dans son propre ressort, comme 1^3. En effet, entre l'une et l'autre, et pour passer de l'une à l'autre, il y a un *acte* médiateur ou de transition qui doit tenir de l'une et de l'autre, et par conséquent être *plus petit* que la *puissance* déjà présupposée, *plus grand* que l'*acte* déjà présupposé encore. Or, entre deux puissances consécutives formées chacune avec l'unité, mais dont l'une ou la plus basse est réduite à l'état d'acte et, comme telle, égale à 1^1, s'il est possible d'en interposer une troisième plus grande que la précédente et plus petite que la suivante, les deux suivantes sont clairement 1^2 et 1^3. Donc la plus haute ou la dernière puissance est 1^3 ou du troisième degré*.

Les deux puissances respectivement consti-

---

* Que le lecteur veuille bien ne pas se laisser arrêter ici par cette considération, que les expressions 1^3, 1^2 n'ont au fond que la même valeur réelle *1*. Car, évidemment, des expressions telles que 1^3 et 1^2 ne sont point, *symboliquement* au moins, la même chose que *1* tout court. Or, ce qu'il s'agit ici de comprendre ou d'expliquer, ce sont seulement les *opérations* figurées par les expressions 1^3, 1^2, et non leur valeur réelle, qui n'est pas en cause et leur sert de base.

tuées comme 1^1 et 1^3 sont les puissances *extrêmes*, et la puissance constituée comme 1^2 est la puissance *moyenne*. Si nous admettons ici que, en fait d'intelligence ou de raison, le Sens et l'Intellect sont entre eux comme 1^1 et 1^3, la puissance ayant moins de raison que l'Intellect et plus de raison que le Sens, ou constituée sous ce rapport comme 1^2, sera l'Esprit. Mais il ne faut jamais oublier, dans ce cas, qu'individuellement envisagées, les trois puissances radicales sont toutes et chacune, dans leur propre ressort, comme 1^3. Car ce que chacune fait, elle le fait absolument et mieux que les deux autres, que déjà nous savons être à son égard comme 1^2 et 1^1.

4. La troisième puissance, ou l'Esprit, n'est point cependant la seule à jouer le rôle de médiateur; et, généralisant ce point de vue, nous devons dire que, comme l'Esprit est médiateur entre le Sens et l'Intellect, de même le Sens est médiateur entre l'Intellect et l'Esprit, et l'Intellect médiateur entre l'Esprit et le Sens. Chacune

des trois puissances est donc à la fois comme 1^1, comme 1^2 et comme 1^3. Chacune a donc trois valeurs? Oui. Voulant expliquer cette apparente contradiction, nous nous replacerons dans la première hypothèse que nous avons faite et qui consiste à regarder l'Esprit comme médiateur entre le Sens et l'Intellect, ce qui nous donne deux cas, savoir :

a)   Sens $= 1^3$, Intellect $= 1^1$, Esprit $= 1^2$;
b)   Sens $= 1^1$, Intellect $= 1^3$, Esprit $= 1^2$.

Pourquoi d'abord avons-nous Sens $= 1^3$? Telle est là la valeur du Sens, parce que, en fait d'*acte*, le Sens est le plus parfait opérateur possible et réel, et l'Intellect le moindre. A ce point de vue, le Sens est un *maximum* d'intensité, de force, et l'Intellect un *minimum*.

Pourquoi posons-nous ensuite Intellect $= 1^3$? Cette nouvelle valeur de l'Intellect lui convient, parce qu'ici nous considérons la *puissance*, et qu'à ce point de vue rien n'est égal en grandeur à l'Intellect, rien n'est plus bas que le Sens.

Par une raison semblable, on conçoit donc que, en fait de *tendance*, suivant qu'on prend pour médiateur le Sens ou l'Intellect, on doit avoir les deux séries :

c) $\quad$ Esprit $= 1^3$, Sens $= 1^1$, Intellect $= 1^2$;
$\quad\quad$ Esprit $= 1^3$, Intellect $= 1^1$, Sens $= 1^2$.

5. Attachons-nous maintenant à considérer les trois valeurs du Sens : Sens $= 1^3$, $= 1^2$, $= 1^1$, que nous regarderons comme types des autres. Dans cette série de valeurs relatives à la même position respectivement absolue prise pour type des autres en *acte* ou intensité,

d) $\quad$ Sens $= 1^3$, Sens $= 1^2$, Sens $= 1^1$,

la valeur Sens $= 1^3$ est signe d'intensité *complète*, et la valeur Sens $= 1^2$, signe d'intensité *moyenne*, et la valeur Sens $= 1^1$, signe d'intensité simplement élémentaire, *initiale*.

L'Intellect est, de son côté, type de *puissance*, d'extension, comme le Sens est type d'acte, d'intensité. Posant alors pour l'Intellect, comme tout à l'heure pour le Sens, les trois valeurs

e) Intellect $= 1^3$, Intellect $= 1^2$, Intellect $= 1^1$,

nous aurons là les trois signes d'extension *complète, moyenne* et *rudimentaire*.

L'Esprit, enfin, étant le type suprême de la *tendance* ou de la variation, de la vitesse, nous aurons de nouveau, dans les trois systèmes suivants de valeur de l'Esprit,

f) Esprit $= 1^3$, Esprit $= 1^2$, Esprit $= 1^1$,

les signes respectifs de tension absolue *complète, moyenne* et *rudimentaire*.

6. Ce n'est pas tout. Revenons sur la série *d)*, type des deux autres analagues *e)* et *f)*, et voyons comment la première des trois puissances s'y modifie par degrés.

D'abord, la valeur du Sens égal à 1^3 est une valeur type du *summum* ou du *maximum* d'acte; mais comme, considéré sous ce premier aspect, le Sens ne comporte point de manifestation apparente, ses trois dimensions ne sont point encore réelles, elles sont donc simplement *imaginaires**;

---

* On a contesté l'exactitude de cette dénomination, mais nous la maintenons.

Qu'une pierre, par exemple, soit lancée dans une certaine direction et nous paraisse infailliblement devoir aller tomber très-obliquement sur une masse étendue d'eau que nous voyons : nous prévoirons instantanément l'événement qui s'ensuivra naturellement et qui sera, comme l'on sait, un effet de ricochet. Mais notre prévision de cet acte sera-t-elle une raison de déclarer que, avant d'être traduit en acte, l'objet de notre prévision n'était point imaginaire, mais réel? Évidemment non. De même, maintenant, qu'un homme, dans un seul et même acte absolu, fasse trois opérations à la fois (savoir : les trois actes de perception, de respiration et d'aspiration), mais qu'il n'ait besoin pour cela que d'appliquer son attention sans effort ni préméditation ni choix, et qu'il s'abstienne même de rien faire qui soit de nature à témoigner au dehors de l'existence de ces trois actes relatifs internes : la *puissance* qu'il aura dans ce cas d'accomplir ses trois fonctions, sans rien faire *ad hoc* ou sans travail, impliquant toute facilité préalable ou ne dépendant d'aucune des conditions actuelles régulièrement exigibles pour nous en pareil cas, sera nécessairement simple en principe, ou bien ne sera composée que de termes ou de facteurs imaginaires; car celui qui par hasard les découvrirait en elle, les y verrait comme un peintre

et, en définitive, quoique intensivement ou *ad intra* égal à 1^3, il est extensivement ou *ad extra* égal à 1^1. Chez le Sens, les deux valeurs extrêmes 1^3 et 1^1 marchent donc ensemble, et l'on a le couple imaginaire * suivant, formé de termes accomplis dans la même puissance :

$$\text{Sens} = 1^3$$
$$\text{Sens} = 1^{1\text{ *}}$$

---

inspiré voit d'avance imaginairement, sur la toile qu'il tient entre ses mains, la figure sublime qu'il est au moment d'y tracer ou rendre réelle.

Supposons-nous, alors, qu'au lieu de pouvoir arriver avec cette facilité *suprême*, un acte quelconque ait besoin d'être fait pour être, comme, par exemple, lorsqu'il s'agit pour un homme assis de se lever : alors, la facilité de l'acte n'étant plus si pleine, la puissance de l'agent descend du degré *suprême* 1^3 au degré *moindre* 1^2.

Enfin, est-il nécessaire d'ajouter à l'acte un effort pour le réaliser, comme quand il s'agit de soulever un fardeau : cette fois, la possibilité de l'acte n'impliquant plus de facilité préalable, mais réclamant au contraire la mise en œuvre de toutes les conditions imaginairement requises à son avènement, est bien la possibilité *simple*, *basse* ou de *fait*, telle qu'on peut la représenter par la puissance 1^1; et de cette manière il n'y a plus lieu, désormais, de déclarer la puissance de l'agent *imaginaire*, mais *réelle*.

* On peut traduire ceci en une relation telle que celles de *puissance* et d'*acte*, de *sujet* et d'*objet*, etc.

Par la même raison, l'Intellect et l'Esprit offrent, de leur côté, deux couples absolument semblables,

$$\text{Intellect} = 1^3 \quad \text{Esprit} = 1^3$$
$$\text{Intellect} = 1^1, \quad \text{Esprit} = 1^1$$

C'est pourquoi, mettant en équation ces trois différents termes complexes, l'on a :

$$g) \quad \frac{\text{Sens} = 1^3}{\text{Sens} = 1^1} = \frac{\text{Intellect} = 1^3}{\text{Intellect} = 1^1} = \frac{\text{Esprit} = 1^3}{\text{Esprit} = 1^1}.$$

Dans la valeur moyenne du sens, $\text{Sens} = 1^2$, il est clair que cette puissance type s'éloigne également de ses deux états extrêmes précédents, et qu'elle se constitue d'ailleurs sous sa nouvelle forme, en perdant d'un côté ce qu'elle gagne de l'autre ; ce qui se pratique en retranchant le petit indice du grand et posant l'égalité manifeste $\text{Sens} = 1^{3-1} = \text{Sens} = 1^2$. Là, le Sens change donc de rôle ; et tandis qu'il est, d'une part, comme *acte* (sensible) égal à 1^3, et comme *puissance* (intellectuelle) égal à 1^1, il est, comme *tendance* (instinct) égal à 1^2. Or, déjà nous savons que la tension pure ou la tendance tient du Sens et de l'Intellect. Donc il est là, comme *acte*, diminué d'un degré, et comme *puissance*, augmenté d'un autre; c'est pourquoi, sous sa forme *tendentielle*, il offre un mélange apparent d'intensité et d'extension, ou d'acte et de puissance. Mais on peut et doit dire la même chose de l'Intellect et de l'Esprit, au moment où l'on pose analogiquement Intellect $= 1^{3-1} ===$ Intellect $= 1^2$; Esprit $= 1^{3-1} === $ Esprit $= 1^2$. Nous avons donc encore les égalités suivantes :

h) Sens $= 1^2 ===$ Intellect $= 1^2 ===$ Esprit $= 1^2$.

Donc les valeurs Sens$=1^3$, Intellect$=1^3$, Esprit $=1^3$, représentent l'activité, la puissance, et la tendance *complètes*; les valeurs Sens$=1^2$, Intellect$=1^2$, Esprit$= 1^2$, représentent l'activité, la puissance et la tendance *moyennes*, et les valeurs Sens$=1^1$, Intellect $=1^1$, Esprit 1^1, représentent (respectivement toujours, bien entendu) l'activité, la puissance et la tendance *élémentaires*.

S'agit-il alors de faire appel à l'*acte* parfait ou à la plus haute puissance de l'*acte :* il faut évoquer le terme Sens $=1^3$. S'agit-il au contraire d'en appeler à la plus haute *puissance*, sans acte d'application au dehors ou sans exercice immédiat externe : il faut évoquer le terme Intellect$=1^3$. Le moyen suprême, ménageant ou plutôt propre à ménager la transition entre les deux termes précédents, sera la puissance non pleinement agitée ni pleinement paisible, mais pleinement inclinante ou *tendentielle,* marquée par le terme Esprit $=1^3$.

7. Qu'arrive-t-il cependant, quand on se contente d'évoquer l'activité, la puissance ou la tendance absolues ou *complètes* (Sens $=1^3$, Intellect$=1^3$, Esprit$=1^3$)? Dans ce cas, on est et l'on reste (quelle que soit la différence de construction de ces trois valeurs spéciales) dans l'indétermination la plus entière, car on se trouve dans l'imaginaire (§ 6). Au contraire, s'attache-t-on à considérer l'activité, la puissance et la ten-

dance *initiales*, ou rudimentaires (Sens $= 1^1$, Intellect $= 1^1$, Esprit $= 1^1$) : on a cette fois du positif et du *réel* devant soi ; mais ce positif est encore tellement *simple*, qu'il ne peut apparaître, en cet état, susceptible de détermination d'aucune sorte. Mais prend-on, enfin, en considération la forme moyenne des activités, puissances ou tendances extrêmes combinées par paire (Sens$=1^2$, Intellect $= 1^2$, Esprit$= 1^2$) : on se trouve en ce cas de rencontre et de concours du *simple* et de *l'infini* quasi mêlés ensemble, avoir devant soi le *fini*, limite de l'un et de l'autre grossis ou diminués de quelque chose, et tout justement d'abord de leur différence d'indice ; et comme le fini apparaît immédiatement susceptible de variation, il suit de là que le moyen de sortir de l'infini et du simple est de faire pencher la limite réelle vers l'un ou vers l'autre de ces deux termes extrêmes, en l'affectant de vitesse ou de déterminations accidentelles et relatives plus ou moins intenses.

Maintenant, connaissant bien toute la signification analytique des mots *acte*, *puissance* et *tendance*, personnifiés dans le Sens, l'Intellect et l'Esprit, voyons de plus près comment ces trois sortes de positions relatives au dehors ou au dedans se manifestent à la conscience aux trois états hiérarchiquement constitués 1^1, 1^2 et 1^3. Là-dessus, nous établirons que, considérées une à une et séparément, elles *se succèdent*; que, considérées en groupe de deux ou par paire, elles *se composent* (à la manière des forces mécaniques); et que, considérées trois à trois, elles se multiplient ou s'exaltent entre elles.

DES ACTES SIMPLES.

8. Pour bien expliquer la nature des actes qualitativement (sinon quantitativement) simples, ou bien n'impliquant chacun qu'une fonction, nous devons sortir de l'idée des actes absolus *infinis* et *simples* tout ensemble, représentés par des couples imaginaires, tels que : $\begin{matrix}\text{Sens} = 1^3\\\text{Sens} = 1^1\end{matrix}$.

Déjà nous savons que la forme Sens $= 1^3$ est le type de l'infini, parce qu'elle est celle de la suprême puissance intensive ou interne, et que la forme Sens $= 1^1$ est le type du simple, parce qu'elle est celle de la moindre puissance dans son état absolu rudimentaire. Les choses étant ainsi, le simple et l'infini sont absolument (sinon relativement) identiques; car, là, la chose infinie est la chose simple, et la chose simple est la chose infinie. Il suit de là que, dans ce cas, le simple est comme un point *réellement possible* partout, et qu'à son tour l'infini est comme le même point *imaginairement réel* ou répété partout. Que ferons-nous alors de la valeur moyenne Sens $= 1^2$? De celle-ci nous dirons, comme des deux précédentes, qu'elle est intrinsèquement *infinie* et *simple* elle-même, jusque dans sa composition et son état *fini*. Car, d'abord, elle contient le simple qui est infini et l'infini qui est simple. Or, tout contenant est au moins égal en grandeur au contenu. Donc la position représentée par la valeur Sens $= 1^2$ est infinie et simple en elle-même.

Cependant, elle est encore finie sous un autre rapport, qui ne contredit en rien les deux points de vue précédents. En effet, nous savons déjà que cette position est *tendance* (§ 3). Or, comment est-il possible à une *tendance* d'être simple et infinie tout ensemble? Elle peut être *simple* et *infinie* tout ensemble, comme étant (suivant ce que nous disions tout à l'heure) d'abord *réellement applicable* partout, puis *imaginairement appliquée* partout, à l'instar du simple et de l'infini radicalement identiques. Mais, de plus, elle peut être en même temps *finie*, comme s'interposant entre le simple et l'infini radicaux, et ménageant à sa manière la *duplication* de l'un (v. g., du premier) et le *partage* de l'autre (v. g., du second). Car, par hypothèse ou d'après ce que nous avons déjà dit, le simple, envisagé comme infini, forme une première réalité à laquelle il sert de genre, et l'infini d'espèce ; de même, l'infini, envisagé comme simple, forme une autre réalité dont il est le genre, et le simple l'espèce. Nous avons donc *deux* réalités ; et, en les associant au sein de la tendance, nous les *sommons* ou bien nous avons *deux* positions simples et infinies réunies, au lieu d'une seule. Donc nous *doublons* la position initiale. D'autre part, si nous doublons la position radicale, nous la divisons par là même et du même coup en deux, chacune des deux nouvelles positions actuelles équivalant seulement en principe à la moitié de l'initiale. Donc, sous la forme de la dualité, le fini surgit réellement au sein même du simple et de l'infini, non toutefois comme déjà circonscrit de tous côtés, mais comme limité d'un côté seulement, savoir : au point où l'on imagine qu'a lieu le contact des deux nouvelles positions, et qui est simple comme l'est tout point, toute ligne ou toute surface limite. C'est ainsi qu'on se représente le passé et l'avenir comme infinis en arrière ou en avant, mais finis tous deux dans le présent. Ce présent, qui ne laisse point d'être en lui-même simple aussi bien que fini, borné, n'est toutefois encore fini que comme l'est l'unité, moindre que tout nombre donné, tel que 2, 3, 4, etc.; et puisque, faute de plus ample détermination, il est censé planer encore dans l'infini comme simple limite actuelle, pour peu que les deux nouvelles positions respectivement absolues, limitées imaginairement à ce point, soient douées — chacune à part — d'une certaine élasticité naturelle ou de puissance d'action (et elles le sont infiniment en principe), on peut très-bien admettre aussitôt que, à leur première *fantaisie*, la limite se déplace de fait ou (ce qui revient au même) qu'elle acquiert des dimensions apparentes, en ce sens, par exemple, qu'atteinte de mouvements contingents et flottante, soit d'un côté soit de l'autre, elle semble permettre au passé, s'allongeant, d'empiéter sur l'avenir, ou bien à l'avenir, lent à se développer, d'empiéter sur le passé d'une manière analogue. Alors, la fin de la première tendance relative prenant du temps comme empiétant sur l'avenir, et le commencement de la seconde en perdant comme empiétant sur le passé, l'on a, dans le premier cas, une sorte de cône allongé dont le sommet se dirige en avant, et, dans le second cas, un autre cône semblable, mais dont le sommet se rejette en arrière ; et de suite il y a lieu de se demander si ces deux cônes doivent être censés d'abord simplement opposés sommet à sommet, ou bien superposés d'un bout à l'autre. Nous admettons que d'abord ils s'opposent simplement sommet à sommet, et c'est là, suivant nous, l'origine des actes simples en espèce ou fonction.

9. Cependant, au lieu de comparer désormais les deux puissances actuelles ou relatives en lutte et contact dans la tendance, à de simples cônes, nous les comparerons, pour plus de généralité dans le raisonnement, à des sphères. Car, puisque les deux puissances en relation sont encore présupposées simples, aussi bien qu'infinies en elles-mêmes, elles accomplissent forcément autour d'un seul point imaginaire leur opération respective. Cette même opération apparaît d'ailleurs en elles aller et venir de tous côtés, puisqu'elles sont infinies. Ce n'est donc point à de sim-

ples cônes, mais à de véritables sphères, qu'elles sont comparables dans leur premier exercice, consistant en concentrations ou expansions ayant pour centre ou foyer le même point actuel ou réel.

Des deux puissances relatives opposées, il est maintenant impossible d'admettre qu'elles accomplissent l'une et l'autre *à la fois* leur action ; car, s'il en était ainsi, l'écoulement du temps ne serait plus concevable, et il n'y aurait point par conséquent succession, mais simple simultanéité d'actes. Il est également impossible d'admettre que la *première* action va de l'avenir vers le passé ; car le cours des choses nous prouve évidemment que l'action réelle va du passé vers l'avenir. Donc la *première* action est une transition d'un état *imaginaire* d'expansion préalable à un état *réel* de concentration subséquente, puisque ce dernier effet est le seul qui se termine au point, comme le passé se termine au présent.

Mais que peut faire ensuite une activité radicale absolue, qui d'abord est déjà passée de l'état *imaginaire* d'expansion à l'état *réel* de concentration, si ce n'est de revenir de l'état *réel* de concentration à l'état jusqu'à cette heure *imaginaire*, mais désormais *réel*, d'expansion ? Car son point de départ est cette fois le simple, ou le point; elle ne peut donc, pour se modifier, que se dilater ou s'étendre. L'expansion *réelle* suit donc le fait *réel* et primitif de concentration.

Enfin, quand une activité se pose successivement, une fois comme concentrante, une autre fois comme expansive, et qu'elle opère incessamment de cette sorte; si l'on suppose, en outre, que ces deux actes opposés s'accomplissent dans une simple unité de temps (formelle ou réelle, peu importe), elle voit l'imaginaire et le réel régner simultanément dans son sein, en même temps que, la concentration étant réelle, l'expansion est imaginaire, ou *vice versâ*. Elle se voit donc alors absolue, comme saisissant l'identité du réel et de l'imaginaire perpétuellement consommée sous ses yeux. Mais se saisissait-elle ainsi de prime abord ? Non sans doute ; elle a seulement cette aperception de fait dans son troisième acte chargé d'intervenir en quelque sorte pour harmoniser ou fondre et lier les précédents. Son état final et définitif est donc un état immanent de vrai flux d'une part, mais sans réelle altération de l'autre ; état réel par conséquent, que nous ne saurions mieux caractériser que par les noms d'*aspiration absolue*, de *tension absolue*, de *tension pure*.

10. Nous avons à peine dit un mot tout à l'heure de l'unité de temps ; revenons sur ce point. Si cette unité de temps est absolue, parfaite, l'activité radicale absolue, allant et venant incessamment ou par un flux continu de l'infiniment grand à l'infiniment petit, et *vice versâ*, ne fait qu'alterner entre l'infini et le simple au sein de chacune des deux activités relatives contenues dans sa sphère ; car chacune de ces activités spéciales éprouve la variation radicale tout entière. Mais, au lieu d'être absolue, réelle, l'unité de temps peut bien n'être que relative ou formelle ;

et dans l'hypothèse que nous avons faite de tendances *contingentes* appliquées à captiver la tendance ou puissance moyenne *originaire*, au profit de l'une ou de l'autre des puissances absolues opposées représentatives de l'avenir ou du passé, cette supposition est nécessaire. Entre les deux changements extrêmes, mais radicaux, de l'infini au simple ou du simple à l'infini, il y a donc une série graduée du grand au petit et du petit au grand, dans toute sorte de proportions finies actuelles. Et par conséquent, au lieu d'avoir seulement alors des rapports tels que $\dfrac{\text{Sens} = 1^3}{\text{Sens} = 1^4}$, on en a de tels que :

$$i)\quad \dfrac{\text{Sens} = 2^3,}{\text{Sens} = 2^4,} \qquad \dfrac{\text{Sens} = 3^3,}{\text{Sens} = 3^4,} \quad \text{etc.}$$

Cette différence de *base* (1, 2, 3, etc.) dépend de ce qu'au lieu de l'unité absolue de temps=1, on a fait choix d'unités formelles=2, =3, etc. Mais, quelle que soit l'unité de temps, l'ordre de succession des actes qualitativement simples ne change point ; et l'on a toujours, d'abord l'acte de concentration, puis l'acte d'expansion, enfin l'acte de tension, ou vitesse pure. — Quand on sépare le sujet de l'objet ou bien l'objet du mouvement de son principe ou de sa cause, l'acte de concentration est force *attractive*, l'acte d'expansion est force *répulsive*, et la tension absolue est force *impulsive*; mais ces *forces*-ci ne sont point aussi immédiatement dépendantes des *actes* auxquels elles se réfèrent qu'on pourrait le croire.

DES ACTES DOUBLES.

11. Les trois *actes* de concentration, d'expansion et de tension pure fondent ou constituent les trois puissances radicales en elles-mêmes ; et, tandis qu'ils sont encore *infinis* et *simples* (comme appartenant à une activité radicale absolue simple et infinie tout ensemble), ils les fondent ou constituent seuls, ou bien ils en sont le genre *réel* sans différence *actuelle*. Dès le moment,

au contraire, où on les conçoit s'accomplissant d'une limite à l'autre, sans en atteindre aucune de fait (quoiqu'ils les impliquent toutes deux en principe), ils joignent à l'*acte* qui leur sert de fond ou de genre un nouveau caractère provenant de leur *degré* plus ou moins avancé de développement apparent ou sensible, et l'on a pour lors des actes *accidentels* égaux ou inégaux, mais gradués, de concentration, d'expansion ou de tension pure, toujours présupposés *successifs*. Il est cependant possible maintenant que cette idée de succession s'évanouisse et fasse place à celle de *simultanéité*. Rappelons-nous, en effet, ce que nous avons déjà dit (§ 9) de l'intime constitution et de l'ordre des deux actes de concentration et d'expansion. Le premier de ces actes arrive, avons-nous dit, instantanément et par conséquent dans une unité radicale de temps ; mais imaginairement il implique deux instants, et l'on a pour lors deux instants *imaginaires* dans un seul instant *réel* employé par l'activité radicale à passer de l'expansion à la concentration.

Concevons ici, comme l'indique la *figure* 1 ci-après, deux séries longitudinales distinctes A et B,

Fig. 1.

```
      A                    B
|  ············   Expansion.
|  a
|  Concentration.  | ········
|                  | b
|  ············    | Expansion.
|  a'              |
|  Concentration.  | ········
|                  | b'
|  ············    | Expansion.
|  a''             |
|  Concentration.  | ········
|                  | b''
      etc········  |
```

servant à marquer les *deux* moments imaginaires successifs ou descendants en chaque acte réellement *unique* : nous aurons sous la rubrique A un premier terme *a* comprenant un double fait successif d'expansion imaginaire et de concentration réelle. Mais l'acte de concentration, réel pour la première puissance, est imaginaire pour la seconde, tout expansive, dont le premier acte s'accomplit dans l'instant réel suivant. Donc l'acte unique ou réel de la seconde se compose lui-même de deux instants imaginaires, l'un de concentration et l'autre d'expansion, le tout égal à b; et ainsi de suite en a', b', etc.

Mais, de même que deux actes ou deux instants *imaginaires* se confondent en un acte ou un instant *réels*, en a, en b, etc., ne pouvons-nous pas prendre à la fois deux instants *réels*, tels que a et b, réunis, pour les envisager ainsi *formellement* et constituer de la sorte un seul ensemble plus que réel, ou bien *formel*, mais de constitution peut-être inverse (à celle du réel primitif), comme ab, d'une part, et ba, de l'autre? Certes, rien n'empêche de le faire, et telle est même la nature de l'Intellect, que, au lieu de prendre les choses successivement comme le Sens, il les réunit ou groupe ensemble pour en former des complexions. Alors, au lieu de lire longitudinalement les deux séries A et B, il faut les lire au contraire transversalement ; et parce que les termes opposés sont censés non-seulement coexistants, mais réunis, ils composent, réunis un à un, ce qu'on appelle un *couple*. Tels sont les couples particuliers ab, ba, $a'b'$, $b'a'$, etc., marqués sur la *fig*. 2. L'Esprit intervenant alors

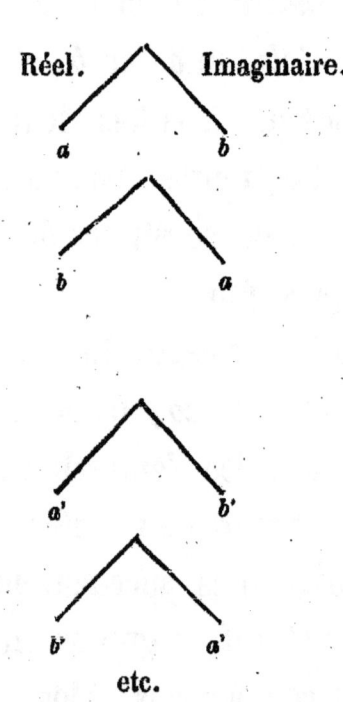

Fig. 2.

et lisant transversalement les séries A et B, voit comme d'étage en étage, dans chaque nouvelle position simultanément composée d'*imaginaire* et de *réel*, ou mixte, deux termes réunis, dont l'un, comme réel ou positif, indique le fond ou le genre respectivement infini, et dont l'autre, comme imaginaire ou négatif, indique la limitation dont la nouvelle position est atteinte, et constitue son espèce. Désormais tout être se compose donc à ses yeux de positif et de négatif combinés ; et là où le positif passe avant et constitue le genre, l'être est dit simplement (pour abréger) *positif* ; là, au contraire, où le négatif passe avant et sert de fond, l'être est dit simplement *négatif*. Ainsi le *positif* consiste en quelque sorte à lire transversalement les séries A et B de gauche à droite, et le *négatif* consiste à les lire transversalement de droite à gauche. Pour compléter ces premiers aperçus, nous ajouterons que le *réel* consiste à les lire longitudinalement de haut en bas, et l'imaginaire à les lire longitudinalement de bas en haut.

12. Nous avons maintenant devant nous des êtres réels complexes, mais pourtant composés encore de deux seuls éléments que, en usant du langage ordinaire, on appellerait sans trop d'inconvénients des *parties*, et, comme nous l'avons déjà dit, deux de ces éléments ou parties suffisent à constituer un couple *formel*. Un être ainsi formellement composé de *genre prochain* et de *différence spécifique* est déjà *déterminé* dans son *genre* par la différence spécifique qui l'accompagne ou le suit ; mais il est encore *déterminable* dans son *espèce*, puisque par hypothèse la différence spécifique n'a point encore reçu de caractère particulier qui la distingue. Le *genre* n'est donc plus à déterminer, mais l'*espèce* est encore susceptible de détermination ; et pour rendre maintenant la même chose en d'autres termes, nous dirons qu'*un être invariable dans son genre ou son fond ne laisse point d'être accidentellement variable, en réalisant justement au dehors le contraire du genre ou du fond, chose qui d'abord*

— 48 —

ne préexiste en lui qu'à l'état imaginaire, idéal ou négatif*.

Reprenons ici la notion déjà donnée (§ 11) des êtres *formels*, et pour mieux fixer les idées, construisons les figures 3 et 4 propres à représenter

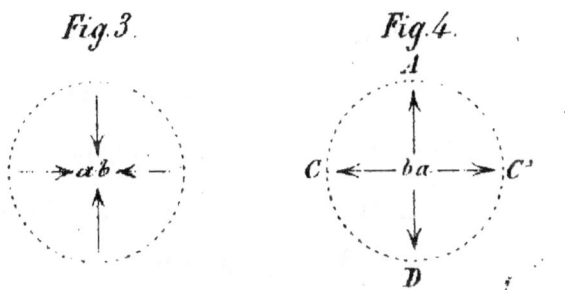

les *genres* opposés de concentration et d'expansion. La figure 3 sert de type à l'être *concentrant* par son genre ou son fond ; et la figure 4 sert de type à l'être, par son genre ou son fond, *expansif*. Puisque, de ces deux êtres, l'un est radicalement *concentrant*, il faut que ce caractère, comme fondamental, lui reste toujours, et l'on ne peut sup-

---

* Cette proposition a une portée immense ; elle rend raison, en particulier, de l'origine et de la possibilité du contingent.

poser en aucun cas qu'il le perde ; mais, de ce qu'il l'a pour toujours, nous pouvons aussi raisonnablement inférer qu'il n'a d'abord nulle envie particulière ou personnelle de le réaliser au dehors par lui-même, qu'il n'a pas même en premier lieu la pensée de pratiquer cette opération inutile, et que la première envie comme la première pensée qui lui vient alors dans l'esprit est justement de pratiquer le contraire ou de rayonner, au lieu de se concentrer ou recueillir. Nous savons, en effet, déjà que la puissance ou l'idée fait immédiatement suite à l'acte ou fait de sentiment, et que toujours encore une tendance s'ajoute à l'idée présente pour l'opposer et l'égaler au fait (§ 3). Mais la première idée qui s'ajoute à l'acte en est la négation, et la tendance implicite qu'elle entraîne à ce titre à sa suite, ne peut être évidemment que le désir de pratiquer ce qu'elle est, c'est-à-dire, le contraire de l'acte. Donc, là où l'acte est concentrant, la puissance est au contraire expansive ; ou bien, en d'autres termes, la nature d'un être est de se démontrer au dehors l'inverse de ce qu'il est au dedans. Ainsi, l'être concentrant *ad intrà* est expansif *ad extrà*, l'être expansif *ad intrà* est concentrant *ad extrà*, et l'être neutre ou simplement tendu *ad intrà* est formellement actif ou passif *ad extrà*, et plus généralement, la puissance interne et la puissance externe sont inverses.

13. Pourrait-on vouloir ici, par hasard, nier l'exactitude de cet enseignement en nous objectant, par exemple, qu'il s'ensuivrait que l'être bon *ad intrà* devrait se comporter comme mauvais *ad extrà?* Non certes ; car il s'ensuit seulement que l'inversion d'exercice est nécessaire dans un cas d'application *nouvelle*, non par rapport au fond, mais par rapport à la puissance, seule chose *déterminable* encore (§ 12). Un être réellement bon *de fait*, par exemple, n'a point toujours la puissance *entière* de commettre le mal, puisque, s'il en a par hypothèse la *pensée*, le *désir* peut lui faire défaut à cette fin. Mais admet-on qu'en lui le désir se joint à la pensée du mal, il a pour lors

toute la puissance du mal, moins l'acte; car son fond n'a pas changé encore. Le fond, au contraire, en paraît-il changer : on peut immédiatement conclure de là sans crainte que cet être n'avait point radicalement de bonté morale, que l'apparente solidité de sa vertu reposait plus sur le concours de circonstances favorables qu'en lui-même, et qu'en définitive son fond ou genre propre est la simple *puissance absolue* d'opter indifféremment suivant les cas pour le bien ou pour le mal.

Pour le plus complet éclaircissement des idées, nous distinguerons ici trois cas différents, et qui sont ceux où l'activité radicale absolue joint à son *état fondamental* : 1° la *pensée* (chose négative *ad intrà*) d'en changer accidentellement au dehors, mais sans la pensée ni le désir de modifier le dedans, et par conséquent avec la pensée subséquente et le désir de conserver le fond ; 2° la *pensée* de faire porter le changement accidentel, projeté au dehors, sur le dedans ou le fond, ou la double pensée de changer à la fois le dehors et le dedans, mais sans le *désir* pourtant d'en venir à l'exécution sur le dernier article ; 3° enfin la *pensée* formelle d'étendre le changement jusqu'au rond et le *désir* d'opérer tôt ou tard ce changement. Le premier de ces trois cas n'offre d'abord aucune difficulté ; car, comme là l'*état* fondamental et la *pensée* qui le suit sont d'accord, ils s'accompagnent nécessairement de la tendance à s'exercer dans un sens commun, et cette tendance, n'ayant point ainsi d'effet rétroactif, laisse parfaitement coexister ou cohabiter les contraires. Le second cas n'offre pas plus de difficulté que le précédent ; supposer, en effet, l'*état fondamental* suivi de la double *pensée* de le conserver et de le changer, mais avec le seul *désir* actuel de le conserver au dedans au moins, c'est ne rien changer dans la tendance radicale indifférente à la manière dont l'acte et la puissance s'exercent séparément l'un de l'autre ; cette tendance reste donc une, et comme alors aucun nouvel effet n'est possible, l'état fondamental se conserve toujours. Il est cependant possible encore que, comme nous l'avons établi dans notre troisième cas, on joigne à son *état fondamental*, non-seulement la *pensée* de la possibilité de le conserver ou de le changer à son choix, mais encore le *désir* d'étendre le changement du dehors au dedans en attaquant jusqu'à la source de ces états accidentels variables : ainsi font tous ceux qui, dégoûtés de la vie par leurs excès ou leurs malheurs, appellent de tous leurs vœux la mort, et, quand elle tarde à venir, se la donnent eux-mêmes. Alors, l'*état* fondamental qui commence le développement interne, et la *tendance* qui le clôt, sont plus ou moins gravement en opposition ; et pour entrevoir le résultat de cette lutte à la limite, tout se réduit à savoir ce qu'elle est, ce qui nous amène à distinguer subsidiairement deux nouveaux cas dans le troisième.

Dans ce troisième cas, l'être actif est placé, comme on a coutume de dire, entre deux feux ; car, ou il s'agit pour lui de la vie sensible et physique attaquée dans son ensemble ou ses parties par les mouvements plus ou moins réfléchis de l'Esprit, las de ses conditions naturelles d'existence;

ou bien inversement il s'agit de l'Esprit et de ses lois morales menacées dans leur existence ou leur intégrité par les tendances, les passions ou les mouvements d'origine sensible. Là, l'*état* fondamental est donc présupposé *sensible*, et la *tendance* accidentelle qui vient le menacer est de nature ou d'origine *spirituelle*. Ici, l'*état* fondamental est au contraire *spirituel*, et la *tendance* spéciale appelée momentanément à le combattre est de nature ou d'origine *sensible*. Or, l'Esprit qui est toujours moral en lui-même, n'est point, — nonobstant cette qualité — passagèrement incapable de s'insurger contre les produits ou les effets accidentels du Sens ; et le Sens, de son côté, bien qu'il soit infailliblement et même nécessairement moral au moins une fois dans le principe, ne l'est plus ensuite avec la même sûreté dans la pratique, à mesure que ses relations se compliquent de difficultés toujours très-dangereuses pour son intime union avec l'Esprit, qui n'est au fond qu'accidentelle. Un être, d'après cela, dont la vertu succombe dans une épreuve quelconque et qui renonce en conséquence à l'Esprit, est un être né, non de l'Esprit, mais du Sens, c'est-à-dire un être dont l'*état fondamental* est purement sensible ; et cet être peut bien ne pas ménager souvent en lui l'état spirituel concomitant qui n'est pour lui qu'*accidentel*. Mais pareillement un être dont la vie spirituelle résiste en elle-même ou dans ses dépendances à toutes les attaques bien ou mal combinées ou plus ou moins intelligentes du Sens, est un être né de l'Esprit et non du Sens, et par conséquent un être qui, dans l'intérêt de sa vertu, *chose fondamentale* pour lui, doit faire bon marché des avantages sensibles méprisables à ses yeux. On comprend donc maintenant comment il se fait que l'état fondamental reste toujours, et que parfois pourtant il semble disparaître ou changer : au fond, il y a deux sortes d'états semblables ; car il y a radicalement des êtres *sensibles* et des êtres *spirituels*. Mais d'abord cette différence n'apparaît point ni ne peut apparaître, en raison de ce que le premier Sens est, accidentellement ou de fait, conforme à l'Esprit, et de ce que le premier Esprit est également conforme, accidentellement ou de fait, au Sens. Quand, ensuite, par la multiplication des Esprits ou des Sens absolus, la vie présente s'est compliquée de conditions physiques ou de lois morales assez souvent incompatibles entre elles, chaque être fait choix du parti qui va le mieux à son fond ou à sa nature, et, content alors de sauver le principal, il livre assez volontiers l'accessoire au changement.

14. Il y a, dans ce que nous avons dit tout à l'heure, une chose qu'on pourrait mal interpréter et que nous expliquerons maintenant en disant qu'il ne faut point prendre dans un sens trop rigoureux la distinction des êtres contingents en êtres *sensibles* et en êtres *spirituels*; car, prises en elles-mêmes, ces deux qualifications sont, comme on le conçoit bien, exclusivement relatives, et non moins convenables l'une que l'autre à tous les êtres contingents. On peut même dire, en quelque sorte, qu'ils sont (tous) sensibles, avant d'être (la plupart ou quelques-uns) spiri-

tuels ; mais il faut bien remarquer là-dessus que pourtant cette distinction demeure ou subsiste en eux, et que, tout en étant présupposée par les êtres *spirituels*, la qualification d'êtres *sensibles* ne convient plus qu'implicitement à ces derniers et dans le même sens, par exemple, dans lequel on dirait d'un homme qui a quitté l'état de médecin pour rester exclusivement architecte, que l'architecte n'est plus médecin. Des êtres sensibles devenus spirituels sont des êtres transformés, et n'ayant plus que les valeurs absolues Sens$=1^3$, Sens$=1^1$, sans aucune trace de la valeur relative Sens$=1^2$, surmontée ou surchargée des mille valeurs accessoires ou concomitantes possibles. Quand on est une fois né du Sens, on peut encore, comme parle l'Écriture, naître ou renaître de l'Esprit, et les êtres ainsi nés une seconde fois ne sont plus *sensibles* de fait, mais seulement en puissance ; comme les êtres nés une première fois du Sens seul ne sont point encore de fait, mais seulement en puissance, *spirituels*. Il y a donc, en définitive, comme nous l'avons prétendu, des êtres *sensibles* jaloux d'enchérir sur le Sens radical par imitation, et des êtres *spirituels* jaloux de se conformer à l'Esprit éternel par obéissance; et de même que les êtres nés du Sens ne peuvent mourir à la vie sensible si le Sens radical ne les abandonne, de même les êtres nés de l'Esprit ne peuvent jamais défaillir à la vie spirituelle si l'Esprit éternel demeure avec eux et les assiste personnellement.

Changeant maintenant de manière de parler et mettant en opposition les tendances nées du Sens et les tendances nées de l'Esprit, nous dirons que le Sens et l'Esprit sont présentement en lutte dans le monde ; mais, parce qu'ils sont en lutte, ils tendent sans cesse à se supplanter, ou bien à croître chacun aux dépens de l'autre ; et de là vient que tous les actes temporels ne tendent point au changement *absolu* d'état relativement au dehors, mais seulement à ce changement *relatif* d'état extérieur qui consiste à manifester *plus* de grandeur et d'éclat qu'on n'en aurait eu par hypothèse jusqu'alors. Dans ce cas, la transformation réelle du *genre* dans l'*espèce* est censée faite, et ce qu'on continue de faire, c'est la simple transformation de l'*espèce* dans l'*individualité*. C'est ainsi que l'on dirait de la première dimension, exclusivement *linéaire* de fait, qu'elle se change en la seconde toute *superficielle*, en attendant que la seconde se change à son tour en la troisième, caractérisée par la profondeur, ou toute *solide*.

DES ACTES TRIPLES.

15. Tout *genre* est un, mais toute *espèce* est double au moins (§ 11) et se divise en *positive* et *négative*. Il y a là, d'ailleurs, une certaine hiérarchie qui recommence, en allant, cette fois, des moindres valeurs aux plus hautes ; car le réel pur ou primitif est comme Sens $= 1^1$, et le formel, qui est un nouveau *réel* accompagné de *forme*, est comme Sens $= 1^2$. Il reste alors à compléter la troisième dimension du réel, afin

que, comme nous avons eu d'abord entre l'imaginaire et le réel le même rapport qu'entre Sens $= 1^3$ et Sens $= 1^1$, nous ayons encore finalement entre l'imaginaire et le réel le même rapport (inverse au précédent) qu'entre Sens $= 1^1$ et Sens $= 1^3$, et que de cette manière la réalité soit aussi complète à la fin que la puissance au début.

Mais comment la réalité devient-elle finalement complète? Le même procédé qui sert à rendre la puissance de complète incomplète, est celui qui sert, pris en sens inverse, à rendre la réalité d'incomplète complète, et ce procédé à double effet est la variation par abaissement ou par accroissement des indices exponentiels. Quand la puissance est descendue de fait à l'état d'acte, l'acte est passé de fait à son tour à l'état de puissance. Déjà nous avons vu la puissance s'abaisser en devenant de *générique, spéciale;* elle doit s'abaisser encore, en devenant de *spéciale, individuelle*. Par la raison des contraires, l'acte, tout d'abord *individuel* quand il est envisagé seul ou séparément, devient *spécial* quand il est pris en deux sens à la fois ou relativement; mais si on l'exagère pour ainsi dire encore, on le prend trois fois relativement, on l'élève à sa plus haute valeur, et on le rend lui-même *général*.

16. Il y a cependant une différence essentielle, sous ce rapport, entre les genres *primitifs* et les genres *dérivés*. Les genres *primitifs*, qui subsistent au nombre de trois et qui se communiquent originairement tout, jusqu'à leur *substratum*, absolument un en principe, sont toujours imaginairement posés dans son sein et se superposent ainsi de toutes parts, soit comme infinis, soit comme simples. Au contraire, les genres *dérivés* ou produits sont toujours originairement simples, et rien que simples ; ils n'ont d'aucune manière en eux-mêmes l'imperdable imaginaire infinité des genres primitifs, ni même l'imparfaite infinité constitutive des espèces subséquentes. On peut seulement dire alors d'eux qu'ils ont ou qu'ils sont la simple puissance absolue de se

développer intensivement de plus en plus, au fur et à mesure des communications obligeantes ou gratuites actuelles, mais toujours partielles aussi, des espèces supérieures et des genres suprêmes primitifs.

On conçoit donc nettement déjà ce que peuvent être et ce que sont en eux-mêmes les genres nommés tout à l'heure *dérivés*. Ces genres sont des puissances simplement absolues, mais compensées, du côté de la plénitude de leur empire personnel, des limitations extrêmes de leur empire relatif au dehors. Pouvant, en effet, tout sur eux-mêmes, ils n'ont point en eux-mêmes la simple puissance d'arracher un brin d'herbe. Des êtres ainsi constitués et maîtres de tout bénir ou de tout maudire, ou d'aimer et d'abhorrer à leur gré, passant par hypothèse dans le domaine des choses extérieures à eux gratuitement accordé de plus haut, sont libres d'y tout mettre à leur fantaisie sens dessus dessous ; et s'ils se gouvernent personnellement avec le même caprice, ils peuvent encore se laisser vivre ou mourir, et se sauver ou se perdre à jamais. Mais, comme nous l'avons déjà dit, un remède à cet excès d'empire subjectif se trouve dans l'excessive limitation originaire de l'empire objectif de pareils êtres. Car toute leur puissance est une puissance d'actualité, pareille à celle des moulins, qui moulent tout ce qui tombe de la trémie, et sinon ne moulent rien. Ni les puissances divines radicales, ni même les puissances spéciales angéliques ou du second rang, ne sont ainsi faites. Dans le ressort des premières, d'abord, tout a vie et bonheur, et rien n'y peut périr; car elles sont une condition absolue de tous les biens possibles. Dans le ressort des secondes, la lutte et le mal sont déjà possibles et peut-être même actuels; mais on ne peut supposer encore qu'ils sortent de l'ordre des volontés ou des tendances, pour envahir la nature extérieure. Quand, au contraire, les genres dérivés sont produits avec leur suprême puissance actuelle, ils sèment la vie et la mort sur leurs pas; et l'on conçoit alors que les puissances réputées supérieures, mais bien inférieures à cet égard, se démettent volontiers en leur faveur, dans certaines circonstances, à peu près comme des maîtres délicats laissent à leurs domestiques le soin d'exécuter certains offices exigeant plus de force dans les bras et les muscles que de noblesse dans les sentiments ou de clarté dans les idées.

Que les sentiments nobles et les idées claires existent ou puissent exister dans les êtres de la troisième classe, nous ne le nions pas; mais ce que nous contestons, c'est que ces mêmes êtres, doués par hypothèse de belles qualités, en aient en eux-mêmes l'initiative, la propriété, le domaine au *même degré* que les puissances supérieures; car jamais ils ne possèdent ni cette infinie bonté qui fournit à la morale ses principes, ni cette raison exquise qui vole au-devant de toutes les difficultés et suggère, au moment d'agir, les meilleurs moyens d'exécution. Leur liberté, malgré son infinité relative, n'est donc qu'une liberté d'usage ou d'usufruit. L'Évangile est plein de semblables comparaisons ; mais l'on ne soupçonne guère combien ces comparaisons renferment habituellement de vérité.

17. La question encore à traiter de l'origine et du mode de devenir des actes triples ou *à trois faces*, est une question importante que nous résoudrons en traitant incidemment aussi de l'origine et du mode de devenir des actes *à une* et *à deux faces*. Mais avant d'entrer en matière à cet égard, nous distinguerons trois sortes de *réalités* ou de *réels*, savoir: le *réel pur*, le *formel* et le *virtuel**. Le *réel pur* est l'acte simple, absolu, dénué par hypothèse de toute forme actuelle déterminée; telle est, par exemple, une sensation isolée de chaud ou de froid, etc. Le *formel*, qui fait suite au *réel pur* et se réfère

---

* Au fond, cette distinction revient à celle de l'acte radical en *sensible*, *intellectuel* (*à posteriori*) et *spirituel*. Car, en principe, le Sens est le seul agent *ad extrà* ou positif; l'Intellect, le seul agent *ad intrà* ou négatif; et l'Esprit n'est aucunement agent, mais simple force, ou bien il est un agent *neutre* et sans effets tant externes qu'internes.

spécialement aux masses de sensations réunies en complexions étendues et figurées, est évidemment une réalité d'une autre espèce que la précédente, mais pourtant une vraie réalité dont l'existence apparaît incontestable, si l'on réfléchit qu'autant il y a du positif dans la lumière par rapport aux ténèbres, autant il y a du positif dans les corps par rapport au vide de l'espace. Enfin le *virtuel*, quoi qu'on dise ou pense en sens contraire, est réel aussi ; car si l'on est forcé d'appeler *réel* le *formel*, qui donne aux corps leurs dimensions, combien plus est-on forcé de conserver ou d'appliquer la même dénomination aux forces—incarnation du virtuel — dont le propre est de produire sous la forme de vitesse, dans le cas de chute ou de mouvement, les mêmes effets que le *réel pur* ou le *formel?* Par exemple, un petit corps qui tombe avec beaucoup de vitesse sur une petite corde tendue la rompt aussi bien qu'un corps beaucoup plus lourd appliqué sur elle sans vitesse ; et de même un charbon de feu qu'on agite très-vite imite parfaitement la forme d'un ruban de feu. Puisque le *virtuel* produit les mêmes effets que le *réel pur* et le *formel*, il est donc aussi réel.

Cela posé, traitons maintenant séparément de l'origine et du mode de devenir du *réel pur*, du *formel* et du *virtuel*.

18. Le *réel pur*, synonyme des actes *simples*, est cette première sorte de réalité qui se produit quand on oublie tout à fait encore d'y voir aucune forme ni force actuelles, mais qu'en revanche on porte toute son attention sur l'*acte*, ultérieurement principe de forme, objet de force.

D'abord (comme il a été dit précédemment), la *puissance* absolue est à son comble, mais les trois puissances relatives qu'elle implique sont imaginaires, et par suite ce moment est imaginaire lui-même. Essayons d'en sortir. Le premier pas que nous faisons alors en dehors nous donne le réel; mais sous quelle forme? Sous aucune; il est ou il apparaît donc d'abord pur et simple. Quand le réel survient ainsi, l'une des trois puissances relatives imaginaires présupposées passe en acte ou devient réelle ; mais comme elle est toute seule réelle encore, elle est encore imaginaire dans son genre ou *ad intrà*, où elle figure comme Sens $= 1^3$, et c'est seulement *ad extrà* qu'elle se trouve égale à Sens $= 1^1$. La présence d'une *puissance réelle* en face de deux autres encore imaginaires, voilà donc le premier *acte réel*. Et, de ce que cet acte est simple et premier, nous pouvons inférer déjà qu'il est *oscillant* et *linéaire*. D'abord il est *oscillant*, puisque le changement qu'il implique est nécessairement, comme premier, un changement de sens. Il est ensuite linéaire, puisque le changement de sens, une fois introduit, détermine naturellement l'apparition de deux points symétriques ayant un même centre à l'origine.

19. Quand l'activité radicale absolue s'est une fois donné, dans le *réel pur*, une première position *linéaire* actuelle à laquelle la valeur potentielle Sens $= 1^3$ sert de *centre*, et la valeur ac-

tuelle Sens = 1' de *bouts*, elle doit immédiatement se mettre à représenter cet état ; car il est indispensable que sa *seconde* puissance relative apparaisse dans le second moment, comme dans le premier moment est apparue la *première*. Mais, en tant qu'actuelle aussi, la *seconde* puissance ne peut s'empêcher d'exister sous forme oscillatoire ; seulement, comme l'oscillation est un mode d'exercice approprié présentement à la *première*, la *seconde* doit, tout en l'imitant secrètement, porter ostensiblement avec elle-même un autre caractère distinctif qui est son genre d'application 1° circulaire, 2° plane. En effet, quand l'activité tout d'abord oscillante se met, immédiatement après, à représenter cet état primitif, on ne saurait dire qu'elle l'imite en tant qu'elle se contente de le représenter purement et simplement, car la représentation n'est qu'une sorte d'imitation très-imparfaite, objective. Elle le représente donc alors paisiblement et sans mouvement actuel analogue ; en d'autres termes, le mouvement oscillatoire radical est objectivement passé pour elle à l'état de simple tendance ou de vitesse, et par conséquent, dans un seul et même instant, elle en aperçoit à la fois les deux bouts. Mais, alors, elle voit la ligne d'oscillation, non longitudinalement ou dans sa simplicité, mais transversalement ou de revers. Cela suppose, il est vrai, qu'elle se meut subjectivement sur elle-même par quadrants ou quarts de cercle ; mais n'avons-nous point admis déjà que la *seconde* position oscille secrètement, comme actuelle, en alternant avec sa devancière (§ 11)? Donc, tandis que le premier bout de la première ligne d'oscillation est, par exemple, en A (fig. 4), le premier bout de la seconde ligne d'oscillation est, immédiatement après, en C ; et tandis que le second bout de la première ligne est en D, le second bout de la seconde est en C'. Donc l'attention absolue circule réellement de A en C, de C en D, de D en C', etc.; et puisque son mouvement est circulaire, il est de même plan. Maintenant, il n'y a rien que du successif dans le mouvement oscillatoire pur ; mais le mouvement circulatoire implique une véritable immanence autour d'un centre fixe, à la distance marquée par la longueur du rayon. Ce mouvement tend donc à donner et donne même effectivement une *forme* propre à la puissance absolue centrale du genre Sens $= 1^3$, et cette forme est *déterminable* au moyen de la puissance du genre Sens $= 1^2$, puisque, en prenant $\sqrt{1^2+1^2}$ ($1^2 + 1^2$ signifient ici les deux côtés d'un carré géométrique ou plan) ou la diagonale, on trouve la corde de l'arc élémentaire. Ainsi le second acte réel est le *formel*.

20. Enfin, le troisième acte réel est le *virtuel*. En effet, de même que la première et que la seconde puissances relatives ont trouvé moyen d'apparaître, il faut que la troisième ait son moyen d'apparaître à son tour. Mais comment apparaîtra distinctement cette troisième puissance? On ne peut lui donner pour signe caractéristique ni le mouvement oscillatoire ni le mouvement circulaire, respectivement appropriés à la première et à la seconde ; nous devons donc présumer qu'elle a pour

signe extérieur un troisième et dernier mouvement, dont nous nous ferons une idée si nous nous représentons ici comment la troisième puissance dérive, dans un troisième instant, des deux autres. Elle en dérive, d'après ce que nous avons dit, au moment de leur moindre valeur, ou tandis qu'elles sont descendues toutes les deux, de fait, au rang d'actuelles. Or, de deux quantités simples absolument comparées, on peut seulement prendre, en cas de relation, la *différence*. Telles sont donc désormais les deux premières puissances, elles sont entre elles comme positif et négatif, mais cependant inverses. Par conséquent, en supposant qu'en cas de lutte absolue, l'une Σ décroisse de plus en plus jusqu'à devenir égale à σ, et que l'autre d'abord égale à σ croisse de plus en plus jusqu'à la valeur Σ, nous aurons leur accroissement ou leur décroissement simultanés marqués par l'unique différence absolue $\Sigma - \sigma$, et pour lors cette différence expliquera bien le rôle actuel commun à toutes deux. Mais ce mode actuel d'exercice est : 1° sous le rapport de la forme (en s'ajoutant aux deux premiers déjà connus), plein ou *solide;* 2º sous le rapport du mouvement constructeur de la forme (en raison de la nature de la vitesse $\Sigma - \sigma$), *hyperbolique;* et quand une puissance d'abord imaginaire a pu de fait acquérir ou se donner cette amplitude, elle s'est bien démontrée force *réelle,* dans la plus haute acception de ce mot, ou *virtuelle.* Le virtuel est donc incontestablement le troisième acte réel.

21. Arrêtons-nous un moment ici sur la nature du *virtuel* déjà connue, pour en faire sortir l'explication des derniers êtres ou des êtres *humains.* D'après nos précédentes explications du virtuel, toute virtualité doit s'ériger sur une base plus ou moins large fournie par les deux mouvements *oscillatoire* et *circulaire,* ou par le Sens et l'Intellect appliqués accidentellement. Cette base existant déjà, si nous ne pouvons admettre l'existence actuelle et simultanée de toutes les virtualités possibles, nous en admettrons au moins une ou plusieurs érigées sur la base commune

et respectivement appelées Pierre, Paul, etc. L'ensemble de ces virtualités simultanément ou successivement applicables suivant la loi du mouvement hyperbolique, ressemble alors à la totalité des hommes ayant, de leur vivant, les pieds posés sur la surface de la sphère terrestre, et portant, en dehors, leur tête dans l'espace. Mais chacune d'elles est pourtant douée d'intensité différente, comme émise à des points inégalement distants du centre et du cercle équatorial ou des pôles. Tous les actes particuliers en sont donc, comme inégalement intensifs, embrassant plus ou moins d'espace et de temps ; et d'ailleurs ils sont nécessairement enfermés dans des cercles parallèles ou des horizons distincts : ainsi s'expliquent d'un seul coup toutes les variétés d'inclination, d'habitude ou d'aptitude chez les êtres humains. Les individualités de cette classe diffèrent encore plus aisément que celles des autres classes ; et si l'on ajoute à cela qu'elles sont subjectivement douées d'une infinie puissance de détermination, on comprendra de suite comment il est possible de rencontrer à la fois, dans l'ensemble du genre humain, tous les types de grandeur ou de petitesse sensible, intellectuelle et morale.

OBSERVATIONS GÉNÉRALES.

22. En réunissant maintenant ensemble ce que nous avons dit successivement des trois sortes d'actes à une, à deux et à trois faces, ou qualifiés de simples, de doubles ou de triples, on doit être, ce nous semble, parfaitement en état de différencier les êtres réels et d'en comprendre la nature ou qualité respective. Ordinairement, on conçoit très-mal ou très-peu la vraie réalité, plus mal encore peut-être l'imaginarité. Il y a deux classes de *relatif* : l'une *à priori*, l'autre *à posteriori ;* le premier ayant l'*absolu* pour fin, et le second ayant l'*absolu* pour principe. La première classe a trait au monde *interne :* là, on va de l'*imaginaire* au *réel,* que l'on oppose l'un à l'autre ; et alors l'imaginaire est le relatif, le réel est l'absolu. Mais l'activité ne s'arrête pas là ; car tout cela n'a lieu que dans la

sphère de l'Intellect, et le mouvement n'est qu'imaginaire encore jusqu'au moment de l'exercice alternatif du Sens. Au moment où ce dernier exercice commence, l'activité radicale, prenant l'*absolu* (présupposé) pour objet, on tire un nouveau *relatif* (le relatif 1° *ad extrà*, 2° *ad intrà*, 3° *ni ad extrà ni ad intrà*, ou *neutre*) qui comprend en lui-même les trois phases du sensible, de l'intellectuel et du virtuel; et dans ce cas, l'absolu devient comme *imaginaire* par rapport à ces *réalités* qui le suivent et qui s'en distinguent, à peu près, comme l'infini et le fini du simple. Cette fois, l'absolu et le relatif sont donc entre eux comme imaginaire et réel, et l'absolu est l'imaginaire, le relatif est le réel.

Il y a donc deux points de vue pour l'absolu et le relatif, et deux points de vue pour l'imaginaire et le réel. L'imaginaire *à priori* est relatif, et le réel *à priori* est absolu. Mais cherchons-nous à sortir de cette ordre *à priori*, en prenant l'absolu pour point, non d'arrivée, mais de départ, nous trouvons que l'absolu joue cette fois le même rôle que tout à l'heure l'imaginaire, et qu'inversement aussi le relatif fonctionne comme tout à l'heure le réel. Ainsi l'absolu vu *à posteriori* est imaginaire, et le relatif vu *à posteriori* est réel.

Mais puisque les qualifications respectives d'imaginaire et de réel, ou de relatif et d'absolu, s'agencent différemment entre elles, le jugement qu'on en doit porter en les associant dépend plutôt du mouvement ou du coup d'œil et de la situation de l'esprit que d'elles-mêmes, et c'est ce que constate très-bien la distinction entre l'*à priori* et l'*à posteriori* énoncée tout à l'heure. Fait-on l'imaginaire relatif et le réel absolu, l'on se trouve par là même dans le monde *à priori* de l'Intellect, et l'on passe de la *puissance* à l'*acte;* fait-on, au contraire, l'absolu imaginaire et le réel relatif, on se place dans le monde *à posteriori* du Sens, et l'on passe de l'*acte* à la *puissance*. Ainsi le Sens et l'Intellect étant entre eux comme *acte* et *puissance*, on les voit régis tous deux par l'Esprit, variation infinie, suprême et perpétuelle, mais d'abord principe distinct d'acte oscillatoire, sous forme unique *ad extrà*, avant de passer plus tard à l'acte circulaire à deux faces (tant *ad intrà* qu'*ad extrà*), et, par-dessus tout cela, réalisant enfin les actes à trois faces, sous forme unique *ad intrà*, par l'adjonction du mouvement hyperbolique aux deux mouvements oscillatoire et circulaire réunis.

23. Relativement à la distinction même qu'il faut voir entre *imaginaire* et *réel*, nous croyons pouvoir tout résumer à cet égard en disant que, si les *conditions* d'un *acte* présupposé *réel* s'en distinguent, elles sont réelles comme lui, sinon elles sont imaginaires; c'est pourquoi l'*imaginarité* n'est au fond qu'un indice de facilité, de force, de puissance, et la *réalité* une mesure de retardement, de dépendance, de faiblesse. On a tous les jours sous les yeux des puissances inégales et d'un degré quelconque. Que l'on veuille bien alors supposer l'une d'elles *infinie* : toutes les conditions ordinaires et même nécessaires de

l'exercice des autres seront désormais évidemment inutiles pour elle ; et quand même ces conditions existeraient, il est tout naturel de penser qu'elle ne s'en servirait pas ; elle est donc comme *exempte* de les employer, et ces conditions dont elle est *dispensée*, n'ayant plus d'importance, de mise ou d'actualité pour elle, sont à son égard imaginaires. Mais si l'imaginaire est ce qui ne se fait pas sentir ou qui n'a point de mise ou d'actualité pour un être quelconque, le réel doit être au contraire, ce qui s'impose ou ne peut s'enlever à aucun titre. Le réel croît donc avec l'impuissance, comme l'imaginaire avec la puissance; et comme tout d'abord l'activité radicale se suffit à elle-même en tout, il suit de là que la première de toutes les réalités est, en tout ordre de chose, nécessairement une ou simple.

24. Veut-on maintenant, en partant de là, se bien orienter dans la représentation générale des choses ; l'essentiel est d'établir le principe qu'à l'origine tout est un, en même temps que

l'Un, suprême *réalité*, brille déjà d'un éclat infini, comme *imaginaire*. L'un et l'infini sont alors le réel et le phénomène : le *réel* d'abord, subsistant par l'acte ; puis le *phénomène* produit par les forces intensive et extensive appliquées toutes les deux à la fois, mais néanmoins complètement fondues encore ou indistinctes *ad extrà*. Une seule personnalité fonctionne donc tout d'abord *ad extrà*, comme contenant ou comprenant toutes les autres, et c'est le Sens. Mais toutes les autres sont radicalement réductibles à deux, savoir : à l'Intellect et à l'Esprit, et de plus la première, apte à remplir ultérieurement un rôle externe, est l'Intellect. Celle-ci s'extériore alors en instituant à toute sorte de degrés, dans l'espace ou le temps, des couples composés des deux autres puissances accidentellement réunies, mais partant, l'une, du *minimum* d'éclat et du *maximum* de force, l'autre du *minimum* de force et du *maximum* d'éclat. Tout couple personnel ainsi construit se reconnaît à la première vue, comme on en a la preuve dans les astres du firmament, tous différents les uns des autres en clarté, comme parle l'Apôtre. Mais ce monde là de l'Intellect n'est qu'un monde formel et singulièrement diffus ou bien plus vide que plein, et s'il est éminemment visible, il n'est point maniable ou palpable. Il a donc fallu, pour lors, que le mode de manifestation de l'Intellect fît place à un autre, et que pour cela, l'immense mais vague apparition de cette puissance cessât tout d'un coup d'être diffuse, pour se concentrer ou se réduire en un petit composé spirituel presque microscopique où tout ce que nous nous représentions naguère dispersé dans l'espace apparût n'occuper plus, au jugement du Sens externe, que par exemple quelques lignes ou mètres de surface. Que le Sens de l'activité radicale soit d'ailleurs en état de subir ou d'opérer (en qualité de sujet ou d'objet) cette transformation sous l'influence de l'Esprit, il n'y a point lieu d'en douter un moment, puisque l'activité radicale est infinie*. Il importe seulement alors de re-

---

* La perception ou la représentation d'une existence ima-

marquer que comme le mode de représentation intellectuelle diffuse est propre à tous les êtres intellectuels, de même le mode de représentation sensible concentrée doit être propre à tous les êtres sensibles. La transformation dont nous parlions tout à l'heure arrive donc, à la fois ou successivement, pour chacune des individualités du monde sensible, et pour elles, par conséquent, tout est un de nouveau ; mais l'un de chacune, au lieu d'être infini comme la première fois, est désormais tout simple. Car il n'y a plus ici dorénavant, comme tout d'abord, un seul monde ; chaque être sensible est plutôt un monde à part, un microcosme, et il y a autant de mondes qu'il y a d'êtres sensibles. Les mêmes forces qui se débattent en commun dans le monde intellectuel, se débattent donc encore, comme multipliées

---

ginaire infinie, simple de fait, ne frappe point en présence d'autres réellement plus fortes ; et l'on en sort alors aussi aisément que, par exemple, en voyant des êtres humains, on passe facilement, à leur égard, de la considération du genre *homme* à celle de leurs individualités *Pierre, Paul*, etc.

dans chacun de ces mondes particuliers, avec le redoublement d'ardeur ou d'énergie qu'il est de la nature des intérêts sensibles engagés de produire; mais, comme nous l'avons appris, une troisième dimension s'ajoute par là même aux deux premières dans le Sens radical, et quand cette troisième dimension est une fois faite ou finie, l'égalité réelle alors entre l'imaginaire et le réel ou la puissance et l'acte, est, à ce suprême agent, une raison absolue de mettre subitement un terme à tout son exercice contingent, afin de pouvoir se retrouver à la fin comme au commencement, un et infini tout ensemble.

25. Nous avons admis ailleurs * une sorte de dualité d'existence pour les êtres spéciaux de la nature de l'ange et de l'homme ; et comme, dans ce qui précède, nous n'avons rien dit pour expliquer un point si important et si obscur tout à la fois, nous profiterons ici du principe rappelé tout

---

* Voyez *De la pluralité des mondes*, §§ 11 et 16.

à l'heure, de la subite *inversibilité* des actes de l'activité radicale, pour répandre aussi sur cette vérité toute la clarté désirable ; ce principe une fois admis, en effet, tout le reste s'en déduit comme de soi-même.

Notre doctrine sur la dualité d'existence *relative* de chaque être angélique ou humain, comme chacun a pu le remarquer déjà, s'harmonise parfaitement avec celle de la dualité d'existence *absolue,* dont la révélation chrétienne (entendue comme on l'entend communément) compose ses ensembles *formels* d'ange et d'homme, car elle admet positivement, au jugement de tous, que chaque homme a un ange en lui, ou inversement qu'il y a des anges ayant chacun un homme en soi. Eh bien ! cette manière de voir est aussi la nôtre, et voici, pour lors, comment nous concevons la chose. D'abord, l'homme fait, par son Intellect, partie d'une existence sociale ayant son développement et ses lois propres, et, par son Sens, partie d'un ensemble corrélatif d'êtres terrestres ou matériels, ayant aussi leurs besoins ou leurs emplois spéciaux. Mais, malgré cela, l'homme ne gouverne ou n'a d'initiative que dans cette dernière partie ; l'initiative dans l'autre partie revient à l'ange, et cet ange *gardien* de l'homme (s'il le porte au bien) est alors — comme exempt des émotions ou des sensations naturelles de ce dernier — évidemment libre de parcourir sa carrière sans variation, puisqu'il n'a toujours les yeux fixés que sur une règle intellectuelle constante. Soit donc (*fig.* 5) AB, la vue *intellectuelle* ou

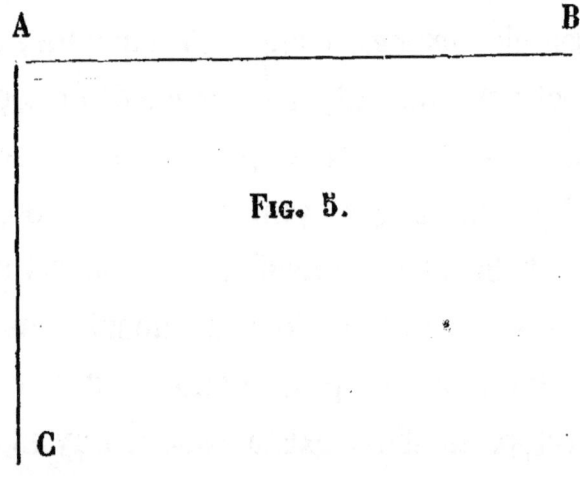

Fig. 5.

rationnelle de l'ange, AC la vue *sensible* humaine, et soient encore l'homme et l'ange unis en A. Absolument parlant, les deux vues AB et AC sont en l'ange et en l'homme ; mais l'ange dirige seul le mouvement suivant AB, l'homme le dirige seul suivant AC; ou bien l'homme est impersonnel suivant AB, l'ange est impersonnel suivant AC; et ainsi, tandis que l'ange ne vaut que comme force *sous-tendante* ou *dispositive* en terre, l'homme ne vaut de son côté que comme force *expectante* ou *disponible* dans les cieux.

Généralisant maintenant ce point de vue, nous ne craindrons pas de dire, comme l'implique la parole d'Aristote donnée pour épigraphe à cet écrit, que *tout est dans tout*, mais sans confusion néanmoins ; car le *principe*, la *fin* et le *moyen* dont parle cet ancien philosophe, sont pour nous des notions irréductibles tour à tour *personnelles*, et par conséquent *impersonnelles* deux à deux là où l'une d'elles fonctionne personnellement. Cette acquisition ou cette perte de rôle principal pour chacune des trois positions irréductibles de l'activité radicale, est la seule raison fondamentale de la distinction profonde que l'on se sent obligé d'admettre entre ses diverses applications qualifiées d'*absolues*, et de *nécessaires* ou *contingentes*.

Après le double traité des *Facultés* et des *Actes* doit venir maintenant celui des *Formes*. C'est ici que le système commencera, nous l'espérons, à porter ses fruits; mais nous demandons du temps pour préparer ce nouveau travail.

FIN.

TABLE DES MATIÈRES

Avant-Propos.. 5
Introduction.. 9
Définition de l'acte absolu................. 16
Distinction des actes relatifs............... 17
Des actes relatifs simples.................... 34
      Id.   doubles................... 41
      Id.   triples................... 59
Observations générales........................ 75